AF434220

LA LENGUA EN DISPUTA. UN DEBATE SOBRE EL LENGUAJE INCLUSIVO

Beatriz Sarlo & Santiago Kalinowski

Sarlo, Beatriz. La lengua en disputa / Beatriz Sarlo ; Santiago Kalinowski. - 1a ed. - Ciudad Autónoma de Buenos Aires : EGodot Argentina, 2019. 96 p. ; 20 x 13 cm. ISBN 978-987-4086-80-8

1. Literatura Política. 2. Lenguaje. 3. Historia Política. I. Kalinowski, Santiago II. Título

CDD 410

Fotografía Matías Moyano
Corrección Hernán López Winne
Diseño de tapa e interiores Víctor Malumián

© **Ediciones Godot**
www.edicionesgodot.com.ar
info@edicionesgodot.com.ar
Facebook.com/EdicionesGodot
Twitter.com/EdicionesGodot
Instagram.com/EdicionesGodot
Buenos Aires, Argentina, 2019

Impreso en Porter, Plaza 1202,
Ciudad Autónoma de Buenos Aires,
República Argentina, en noviembre de 2019

Nota del editor

ESTE LIBRO ES EL resultado de un debate que tuvo lugar en el marco de la octava Feria de Editores bajo el nombre *La lengua en disputa*. El texto es la desgrabación corregida del intercambio que se dio entre Beatriz Sarlo y Santiago Kalinowski. El intercambio abarcó dos puntos, los cuales fueron moderados por Cecilia Fanti. La intención, desde un principio, fue replicar una lógica de debate tradicional, en la que los invitados conocieran de antemano los ejes sobre los cuales se iba a discutir para poder preparar sus argumentos:

1. ¿Cuál es, a fin de cuentas, el vínculo entre lengua y realidad? Quienes desconfían del inclusivo argumentan que nada cambia "realmente" (o sea, en la realidad, en la serie

histórica) por modificar solo la manera en que hablamos, postulando tácitamente (¿tácticamente?) que lengua y mundo son dos órdenes separados.

2. ¿Cuan dueño/a/e es cada un/o/a/e de su lengua, de su manera de hablar? ¿Pone el inclusivo en riesgo la inteligibilidad del castellano?

Estos apartados funcionaron como excusa para estructurar las principales objeciones o beneficios del uso del lenguaje inclusivo. El registro oral del libro permite que los argumentos se intercalen con sencillez, sin perder su profundidad. Un texto ideal para disparar discusiones por venir.

A modo de cierre, un especial agradecimiento a Cecilia Fanti y Ana Ojeda por ser las organizadoras del debate original, que inevitablemente nos invita a reflexionar.

La lengua en disputa

CECILIA FANTI: VAMOS A dar inicio a la charla entre Santiago Kalinowski y Beatriz Sarlo *La lengua en disputa*, mi nombre es Cecilia Fanti y junto a Ana Ojeda organizamos un ciclo de conversatorios con autores y vimos la oportunidad en la FED [Feria de Editores] para generar este debate sobre un tema que está en boca de muchos.

Voy a presentar a los oradores: Beatriz Sarlo empezó a trabajar en el Centro Editor de América Latina a fines de la década del 70, entre el 72 y el 76 formó parte de la dirección de la revista *Los libros*, fue profesora de Literatura Argentina en la Facultad de Filosofía y Letras de la Universidad de Buenos Aires desde la reapertura democrática hasta 2003, dictó cursos en las universidades de

Columbia, Berkeley, Maryland y Minnesota, fue *fellow* del Wilson Center en Washington y Simón Bolívar Professor of Latin American Studies en la Universidad de Cambridge.

Santiago Kalinowski es licenciado y profesor en Letras en la Facultad de Filosofía y Letras de la Universidad de Buenos Aires, es magister en Lexicografía Hispánica, Escuela de Lexicografía Hispánica, Real Academia Española; doctor en estudios hispánicos, Universidad de Western Ontario, Canadá; director del Departamento de Investigaciones Lingüísticas y Filológicas de la Academia Argentina de Letras, y sus áreas de trabajo son la lexicografía, la lingüística de corpus y la divulgación lingüística.

Muchas gracias a Beatriz y a Santiago por estar acá con nosotros y a todos ustedes por su interés y por llenar la sala.

1

¿Cuál es para ustedes el vínculo
entre lengua y realidad?

¿Al modificarse la lengua se
modifica la realidad?

SANTIAGO KALINOWSKI

BUENAS TARDES, MUCHAS GRACIAS por la invitación, gracias por la presencia de todos ustedes. Con el tema de lengua y realidad hay que interactuar con una noción que tiene mucho arraigo popular, que es la del relativismo lingüístico, la idea de que hablar una diferente lengua o tener una diferente gramática afecta el modo en el que se concibe la realidad. Eso surge de una hipótesis de Sapir y Whorf y tuvo mucha resonancia; recientemente hubo una película que se llama *Arrival*, donde de repente aprender una lengua nos permitía ver el futuro y encontrar la paz mundial, algo así. Eso es una idea que está desacreditada ya, es decir, las diferencias en el modo de concebir la realidad entre lenguas diferentes se miden en milésimas de segundo en tiempo de reacción en estudios de laboratorio.

Hay que moderar mucho esta noción de que hablar una diferente lengua es concebir el mundo, la realidad, de un modo radicalmente diferente. El ejemplo clásico es el de los esquimales, lo deben haber escuchado, que tienen muchas palabras para "nieve"; los imprenteros tienen muchas palabras para las letras, estamos en la Feria de Editores, entonces el vocabulario de la tipografía no hace que los imprenteros tengan una concepción de la realidad radicalmente diferente. Dicho esto, evidentemente existe un vínculo entre la lengua y la realidad. Siempre que hubo un intento de modificar la realidad, eso comportó una serie de elecciones en la lengua, la creación de discursos asociados al intento de mover determinadas cuestiones de lo real. Algo que se logra por medio de la creación de consensos. Esa creación de consensos se lleva a cabo, en gran medida, por medio de la lengua. Es decir, se buscan y se encuentran los modos discursivos de llegar a imponer o instalar una idea en lo social, que termina después impactando en la manera en que ordenamos la sociedad. No hay ninguna magia, la realidad no está configurada por la lengua; sin embargo, en cualquier intento de modificar la realidad hay un componente lingüístico clave y central, hoy y siempre.

BEATRIZ SARLO

Estoy de acuerdo con lo que se acaba de exponer y se podrían dar ejemplos históricos donde la lengua transmite, o logra comunicar, algo de la realidad. Es complicado transmitir algo de la realidad. Cuando se quiere decir algo nuevo que está sucediendo, se enfrentan complicaciones. Voy a poner un ejemplo histórico. En la Revolución Francesa se agruparon, por razones que no tenían que ver con lo que hoy llamamos izquierda y derecha, a la izquierda del presidente de la Asamblea los diputados más fervorosos por reformas profundas y a la derecha los diputados que preferían reformas más moderadas. Los diputados se ubicaron juntos por afinidad política, pero fue una casualidad que los más decididamente antimonárquicos quedaran a la izquierda, y los más moderados a la derecha. No existía la idea de que la izquierda era más progresista y la derecha más moderada. Ese contenido semántico de las palabras "izquierda" y "derecha" surgió del hecho completamente azaroso, de una casualidad espacial. La lengua es portadora histórica de esas casualidades. Expresa una realidad, pero muchas veces la expresa por azar; si la distribución de progresistas y moderados hubiera sido inversa, si los diputados que querían reformas más profundas se hubieran sentado a la derecha y los que querían reformas menos profundas se hubieran sentado a la izquierda, hoy diríamos que la derecha es progresista y la izquierda no lo es. Y hoy esas dos palabras tendrían un contenido semántico exactamente opuesto al que tienen. Fue un hecho histórico casual, azaroso, el que les dio ese contenido que conservan desde la asamblea de los años 1780 y 1790 hasta hoy, en todos los países que conozco, es decir, todos los países que uno puede conocer, todos los países occidentales; no sé qué sucede en otras regiones lingüísticas pero en aquellas que son occidentales o que son orientales, pero signadas por ideologías occidentales, esto que fue azaroso se convirtió en una designación no azarosa de lo real. Por eso, algunos esfuerzos que

pueden hacerse con la lengua pueden tener éxito y otros cambios los define el azar, en el caso de la Asamblea francesa, un azar espacial. Lo que se llama resemantización, es decir cuando las palabras van adquiriendo nuevos significados, que a veces provienen de prácticas deliberadas, y otras veces de una conjunción de factores que no están bajo el control de los hablantes. Pongo otro ejemplo: la palabra "gaucho", en el idioma que usamos los rioplatenses, varió de significado a lo largo de un siglo y medio y muchos sucesos extra lingüísticos influyeron nuestra ideología, nuestra forma de percibir la realidad y de nombrarla. La palabra "gaucho" empezó a

designar alguien querible, que hacía gauchadas, que podía servir a una empresa colectiva, cuando llegaron los inmigrantes italianos. En cuanto llegaron los inmigrantes italianos, los judíos, la palabra "gaucho" dejó de ser vago, malentretenido, cuchillero, para convertirse en alguien que hacía gauchadas. Esos cambios en la realidad produjeron cambios semánticos. Las relaciones entre lengua y realidad son relaciones variables, y frases hechas que quedan para siempre en la lengua, a lo mejor no tienen el origen que hoy se les atribuye. Para nosotros "Febo asoma" es una expresión patriótica, pero, en su origen, fue solo una mala metáfora para encabezar una marcha. Las relaciones entre lengua y realidad son inestables. Esto lo demuestra también la literatura.

ESTE VA A SER un debate aburrido si estamos todos de acuerdo todo el tiempo, pero ya pronto vamos a llegar al desacuerdo. Quería poner además otro ejemplo sobre una polémica de los años 20 en torno al verbo *independizarse*. En la edición de 1927 del diccionario de la RAE, *independizarse* está definido como "neologismo inútil por *emancipar* o *emanciparse*" y esto es un siglo después del proceso por medio del cual se habían consolidado todas las independencias americanas. Entonces resulta que hay otro fenómeno de cambio lingüístico que no tiene que ver tanto con el azar pero sí tiene que ver con la eficiencia, es decir, además del azar, ¿por qué hablamos de *vos* la mayoría de nosotros en Argentina? Por azar. Pero además del azar, existe la eficiencia. Si uno está inmerso en procesos políticos que arrancaron en el siglo XVIII donde todo el tiempo estamos diciendo "hagamos la independencia" o "estamos logrando la independencia", es mucho más eficiente crear un verbo que signifique exactamente eso y se pueda decir "nos independizamos", "independicémonos"; eso, que se llama gramaticalización, es decir, se toma una frase nominal y se convierte en un verbo, es un fenómeno de eficiencia, es más eficiente decir eso con un verbo. Entonces, del otro lado del Atlántico decían "no, eso es inútil, porque ya existe *emanciparse*". La pregunta que está flotando entonces es: ¿alguien tomó la decisión consciente de crear ese verbo o es un fenómeno común de los hablantes que van a preferir una manera más económica o más eficiente de decir algo, o que implique menos circunloquios, menos gasto de saliva? Eso creó una disputa en el año 1956, cuando el tema tenía bastante más de un siglo, porque el verbo se había asentado probablemente durante el principio del siglo XIX. Sin embargo, en los años 20 del siglo XX, todavía estaba la RAE oponiéndose a esta palabra, que en ese momento era un americanismo, pero esa oposición tenía razones políticas. Entonces, la lengua es política, porque como la política forma parte de la realidad de los hablantes, la lengua interactúa con eso de muchas maneras. Esto es solo un ejemplo. ¿Quién tomó la decisión consciente de crear el verbo? ¿Se juntaron y se codearon, y dijeron "vamos a hacer un verbo, andá avisando"? No es así como funciona. El hecho de que la lengua sea política, que exprese la interacción de los hablantes con sus entornos políticos, con sus ideas, con sus deseos y sus aspiraciones, no la convierte en un objeto que moldean a su antojo. Esa es una idea sobre la que creo vamos a volver. El motor del cambio lingüístico tiene muchas formas y, en este caso, fue muy graciosa la respuesta. Había un académico que le tiraba con todo a la RAE, decía que le tenían tirria al verbo *independizarse* y hablaba de la colonia como una imposición sangrienta cuyo fin requería un nuevo sacrificio de sangre. En España le contestaban "no, porque la madre España entregó su amor incondicional y ahora las independencias son los hijos que olvidan su deuda de crianza con la mamá", estoy parafraseando, y encima les molestaba la formación. Sostenían que estaba mal formada morfológicamente, que tenía que ser "independenciarse" o algo así. No sé si querían algo más los españoles, "pasame las botas que les pego

una lustradita", "¿querés un mate?". ¿Algo más querían, de una palabra que era crucial, central, para el hablante del siglo xix, y que quedó en la lengua para siempre? Tengo que hacer una aclaración, que es que yo soy director del Departamento de Investigaciones Lingüísticas de la Academia Argentina de Letras pero no expreso una voz institucional. La voz institucional la expresa el cuerpo académico a través de la presidenta. Siempre me piden que haga esa aclaración.

Entre el azar y la eficiencia nos movemos a la segunda pregunta, que está vinculada con esto con lo que cada uno cerró su intervención, que es cuán dueño, dueña, dueñe se es de la propia lengua, de la manera de expresarse y un poco el tema que nos convoca: ¿el inclusivo pone en riesgo esa inteligibilidad del castellano?

BEATRIZ SARLO

LA RELACIÓN QUE LOS hablantes tenemos con la lengua y que los escribientes tienen con la lengua es una relación oscilante, cambiante y diferenciada en el sentido de que en algunos momentos somos dueños y en otros momentos la lengua nos gobierna. ¿Qué quiere decir ser dueños? Ser plenamente consciente del contenido semántico, sintáctico, gramatical de lo que estamos diciendo. Pero es frecuente que seamos hablados por frases hechas, por nuestras propias equivocaciones, por nuestros propios prejuicios, o sea que no hay una propiedad sobre la lengua como la propiedad que nos hace ser dueños de un departamento. No se ocupa la lengua como se ocupa un departamento o una casa. En general, la lengua nos ocupa a nosotros más de lo que nosotros ocupamos a la lengua.

A medida que el hablante es más culto, más alfabetizado, su nivel de dominio sobre la propia lengua puede aumentar, tiene condiciones para aumentar su propio dominio, pero tal cosa no es inevitable. La alfabetización y las destrezas de lectura y escritura pueden aumentar ese dominio, pero siempre nuestra relación con la lengua es conflictiva y es interesante cuando es conflictiva. Yo tengo una relación conflictiva con lo que nos preguntaron recién.

CECILIA FANTI

¿Con el riesgo que supone el inclusivo para la inteligibilidad del castellano?

BEATRIZ SARLO

No me molesta el riesgo, sino la imposición. No sé si hay riesgo, no soy una filóloga para decir si puede haber riesgo o no, lo que a mí como hablante y escribiente del español rioplatense o del castellano rioplatense me afecta del inclusivo es la imposición; no acepté imposiciones lingüísticas desde muy joven, soy de la generación que empezó a decir "boluda, boluda, boluda" desde el tercer grado de la escuela primaria, no acepté esas imposiciones lingüísticas, y acepté otras, en la política por ejemplo y por tanto la imposición me resulta un forzamiento y, en el caso de la lengua, un forzamiento fuerte. La lengua va cambiando con otros ritmos. Para que cayera la palabra "nigger" en Estados Unidos, para que esa palabra fuera impronunciable, fue necesario no solo la guerra de secesión, porque después de la guerra de secesión la palabra "nigger" siguió, fue necesario el movimiento negro entero, es decir la emancipación de los esclavos después de la guerra de secesión y el movimiento negro por la conquista de derechos. No estamos hablando de una minoría culta urbana de los mejores colegios que pueden querer lenguaje inclusivo, estamos hablando del movimiento negro, de gente que era obligada a ocupar asientos separados en el transporte, de gente que no podía ir a los mismos hoteles. Cuando Duke Ellington viajaba con su orquesta, si tenía un blanco entre sus músicos, ese músico iba a hoteles diferentes que el resto de los músicos, incluido Ellington. Para que esa palabra desapareciera se precisó una fuerza política, ideológica y de movimiento, la marcha desde Alabama hasta Washington, los discursos de Martin Luther King. No se hace con la lengua como si uno estuviera friendo empanadas, no sucede eso. Porque puede modificarse para grupos muy pequeños, que pueden ser los grupos que empiezan a introducir esos cambios pero para que esos cambios se generalicen (hoy no se puede decir "nigger" en ningún caso en Estados Unidos, ni como insulto, ni entre ellos se puede decir), pasan décadas de lucha y de luchas en serio; cuando digo luchas en serio digo prisiones, digo ejecuciones, digo blancos del Ku Klux Klan entrando a los barrios negros, digo luchas arriesgadas, no pequeñas cuestiones que pueden pasar en un barrio donde se use o no se use el inclusivo. Por otra parte, las reivindicaciones se dimensionan según las culturas de los lugares. Yo acabo de estar en Chile y les pregunté por el inclusivo y me miraron: "sí, sí, sí, lo estamos pensando, se está debatiendo, etc.". Ustedes me dirán que la sociedad chilena es muy jerárquica para pensar en el inclusivo, pero tuvieron a Michelle Bachelet, una presidenta de la república, líder del Partido Socialista y que ganó por su propia fuerza, no por fuerza heredada. Si ustedes miran la prensa internacional, van a ver que la relevancia que tiene el inclusivo en Argentina es desconocida. Lean nomás *El País* de España, lean prensa francesa, inglesa, y todas esas lenguas están afectadas por atentados a la inclusividad, diferentes atentados, porque como ustedes saben

toda lengua tiene sistemas morfológicos, sintácticos y semánticos diferentes marcados por atentados a la inclusividad, y sin embargo habrá que pensar por qué, como fenómeno cultural, prendió tanto en una ciudad grande como Buenos Aires, prendió menos en ciudades grandes del interior, como Rosario, y en otros lugares no prendió del mismo modo. ¿Son más atrasados que nosotros en los derechos de las mujeres?, ¡de ningún modo! Tienen aborto antes que la Argentina, tienen derechos extendidos antes que la Argentina, tienen presidentas que llegan por su propia fuerza antes que la Argentina, tienen partidos dirigidos por mujeres, la mujer más poderosa de Occidente es Angela Merkel. Tendríamos que examinar por qué le damos esta trascendencia a esto, que es importante, mientras no traten de imponérmelo a mí; cualquiera que intente imponerme un uso lingüístico perdió. Tengo que recordar que en mi casa yo abría la boca a la hora de comer y mi papá me decía "no está en la Real Academia"; y yo a los ocho años agarraba el diccionario de la Real Academia para comprobar, como decía mi papá, que esa palabra no estaba en la Real Academia. Me costaba abrirlo, porque teníamos una edición de la época de María Castaña. Ya está, ya terminó, no busco más en la Real Academia, creo que la eficiencia del lenguaje está dada por el uso que un escritor o una escritora puede dar a su discurso y por el uso cotidiano que cualquiera puede darle a su discurso.

SANTIAGO KALINOWSKI

LO PRIMERO QUE QUERRÍA decir es que la lucha del inclusivo es una lucha en serio, es una lucha realmente en serio, que se mide en mujeres muertas, mujeres muertas todos los días, entonces ahí tenemos que remarcar ese hecho. Las mujeres muertas, las mujeres que no cobran lo mismo por el mismo trabajo, las mujeres que no pueden caminar en paz por la calle, las mujeres que sufren abusos dentro y fuera del hogar, esa es la lucha del inclusivo. Entonces, está muy claro que, por más que a veces nos quieran decir que sí, el objetivo del inclusivo no es volverse gramática, no es volverse lengua. Es decir, los que mencionábamos al principio son fenómenos de cambio lingüístico, que se dan por todo tipo de razones, algunas más azarosas, otras más de eficiencia, el patrón más reconocible de cambio lingüístico a través del tiempo es la economía. Es decir, en general cuando ha habido un cambio, eso implicó para el hablante un esfuerzo menor de articulación. Muchas veces la economía tiene que ver con fenómenos de articulación, por ejemplo, sonorización de consonantes intervocálicas. Por ejemplo, decían "rota" los latinos y nosotros decimos "rueda". Decimos "rueda" con "d", porque es más económico seguir usando la voz. Uno viene usando la voz con la vocal. Antes se cortaba la voz para decir la "t" y después volvía a usarse para decir la otra vocal. Es más económico seguir usando la voz. Entonces, si ustedes se fijan, muchísimas palabras del latín van a tener precisamente esa diferencia, si la consonante que no usa la voz en latín está entre dos vocales, se vuelve lo que se llama una consonante sonora, es decir, una consonante que usa las cuerdas vocales. En este caso, entonces, no estamos ante un fenómeno que se ajusta a los patrones de cambio lingüístico que conocemos en lingüística, que conocemos en las lenguas del mundo, no solo el español, en todas las lenguas del mundo, es decir, no hay acá un esfuerzo menor, un ahorro de la energía de procesamiento mental o de articulación. Yo siempre pongo el ejemplo del pluscuamperfecto latino, que era desinencial, se construían los verbos con terminaciones, de las que había gran abundancia; ¿en un momento dijeron "bueno, son demasiadas terminaciones"? ¿Lo dijeron conscientemente? No. Empezó a competir una perífrasis verbal con el verbo "habeo" de "haber" y ahí, entonces, en lugar de "amaveram", pasado el tiempo, decimos "había amado", porque es más regular, tenemos "he amado", "había amado", etc. Eso es economía. No es una pauta o un principio para la comunicación. La comunicación no se rige por lo que es más económico, sino por lo que es más eficaz, y para lograr la eficacia muchas veces gastamos más energía que la que el contenido semántico de lo que estamos diciendo requeriría. Cuando nos gusta una persona no decimos "me gustás, vamos", no, leemos un libro y le comentamos, cosas así. La retórica del amor es una retórica de un gasto muy grande de energía. ¿Qué pasa con el inclusivo? El inclusivo no se ajusta a estos patrones que habíamos visto, del azar o de la eficiencia, o de la economía, a través del tiempo, la interacción con las condiciones políticas de un momento como en el caso de *independizarse*. Es una decisión consciente calculada y diseñada, surgida de un proceso, que tiene muchas

décadas, de reflexión acerca del sexismo que está codificado en la lengua. Como se trata de un esfuerzo mayor, que lo que busca es comunicar un contenido con la más alta eficacia posible, su principio rector es el efecto que logra en el auditorio. Eso es, entonces, la retórica. Es un fenómeno retórico. Los fenómenos retóricos son aquellos que permiten comunicar algo de manera más eficaz a un auditorio. El inclusivo entonces es la configuración discursiva de esta lucha política, una lucha política de sangre en la calle. El inclusivo es uno de los rasgos, el que llama más la atención, de la configuración discursiva de la lucha política por la igualdad en la sociedad y lo que busca es crear en el auditorio la conciencia de una injusticia, de la persistencia de una injusticia. Y lo logra. Y logra la reacción también del que ve amenazado su privilegio, que es una reacción muy violenta en general. Es decir, es un fenómeno retórico, no es un fenómeno de lengua. Consiste en aprovechar las posibilidades que nos brinda la lengua para crear un discurso que es eficaz en la comunicación de un ideal y de un deseo de igualdad que hay en muchos sectores. Por eso es un fenómeno profundamente político, discursivo, retórico, no es un fenómeno de lengua. Por lo tanto, como es un fenómeno tan político, las reacciones violentas en contra son reacciones políticas, son reacciones de gente que dice "no, si está buenísimo esto del privilegio. Yo soy hombre, heterosexual, blanco. Me encanta. ¿Por qué lo vamos a cambiar?". Y ahí vienen las reacciones, que muchas veces se enfocan en un supuesto problema de inteligibilidad, pero eso es artificioso, en realidad. No hay problema de inteligibilidad. Eso es un insulto, es una manera de descalificar el fenómeno. El humor también se usa de la misma manera. Se hacen chistes con eso. "Le mer estebe serene" es un caso. Son maneras de descalificar un recurso que es potente, porque ese es el problema que tiene para quienes se oponen: es muy potente. En mi universidad de Canadá están haciendo un estudio, un relevamiento muy serio, por ejemplo, de Youtube, y dicen que, efectivamente, uno de los focos del inclusivo es Argentina. El otro foco es España. Ustedes seguramente habrán estado escuchando las profundas discusiones que hay en España, incluso ahora un pedido de revisión de la constitución con el foco puesto en la cuestión del masculino genérico. Está la idea de que la lengua no es racista ni es sexista ni es xenófoba y es una idea que no sé cómo tiene tanto éxito; cómo una forma de comunicación, un hecho de lo humano como es la lengua, hecha por los humanos en el contexto de las dinámicas de poder de los humanos, no va a estar atravesada por esas propias dinámicas de poder. La idea de que la lengua es aséptica y es inocente de todo a mí me parece peregrina, me parece extraña. ¿Qué podemos decir del masculino genérico? El masculino genérico se codificó en la lengua a lo largo de los milenios, ni siquiera de las decenas de años o de las centenas de años, de los milenios. Durante miles y cientos de miles de años el hombre, el macho de la especie acaparó absolutamente todos los espacios de visibilidad, distribuyó los recursos valiosos, cuando era la caza o la cosecha, eran la caza y la cosecha. Cuando aparecieron otros espacios (la política, la ciencia, el arte, etc.) acaparó esos espacios y durante todo ese proceso de milenios se fue configurando una suerte de "bueno, ante la duda, tiene que ser un varón, porque esa es la realidad que nos rodea". Ese es el modo en que se va codificando a lo largo de los cientos y los miles de años una cosa como el masculino genérico, es decir, como correlato gramatical de un ordenamiento social ancestral de la especie, que es patriarcal. Si uno acepta esa especulación como mejor que la otra especulación, la de la lengua inocente, eso tiene su contrapartida: si nosotros creamos una sociedad igualitaria y mantenemos esa sociedad igualitaria durante cien, doscientos, trescientos, cuatrocientos años, los años que requiera un cambio lingüístico de estas características, un cambio lingüístico que se tiene que dar en cientos de millones de personas, porque estamos hablando de que las comunidades lingüísticas no son chiquitas, tienen diez, veinte, cuarenta y cien y cientos de millones de personas. Entonces, si nosotros creamos, y estamos muy lejos de hacerlo, una sociedad absolutamente igualitaria y mantenemos ese ordenamiento social por el tiempo que hace falta, ahí es probable que aparezca algo diferente al masculino genérico, al masculino no marcado. Eso no quiere decir que esta intervención carezca de sentido o carezca de relevancia, porque, como decía al principio, la realidad se cambia haciendo política y la política se hace con la lengua (y con muchas otras cosas). Como configuración discursiva de una lucha política, es absolutamente relevante, es central, es, además, un diálogo global, porque este mismo problema, con los cambios que impone cada gramática diferente, está en inglés, está en francés, donde acaban de prohibir las fórmulas de la inclusión en los documentos oficiales, lo cual implica que hay un movimiento muy fuerte en ese sentido. Las lenguas nórdicas se pidieron prestado un pronombre neutro para las comunicaciones oficiales, haciendo el gesto opuesto. También está en alemán, en italiano, es decir, es un diálogo global. El masculino genérico es prácticamente un universal lingüístico porque es un universal humano la desigualdad entre el hombre y la mujer. Por más que creamos que el inclusivo busca cambiar la lengua y su relevancia está en la gramaticalización, no es así en mi opinión. Su objetivo es buscar la igualdad. Su objetivo es social y político. No busca codificarse en la gramática, como hacían, por ejemplo, los que intervinieron en contra de nuestro voseo. Así les fue. El objetivo, cuando es gramatical, no se puede conseguir. Pero el hecho de que algo sea la configuración discursiva de una lucha política no tiene nada de malo. El hecho de que sea un fenómeno de vanguardias y no de las masas no tiene nada de malo tampoco.

BEATRIZ SARLO

D EBERÍAMOS EMPEZAR A DISCUTIR qué designa la palabra "política", porque me resisto a aplicar la palabra "política" a todo. Hay palabras que tienen sentidos específicos y respeto esa especificidad. Voy a poner un ejemplo muy próximo. El movimiento del pañuelo verde tiene una trascendencia social extraordinaria que todavía no fue convertida en práctica política porque la torpeza de los partidos le impidió codificarla según las reglas de la política, que existen nos gusten o no, luchemos o no luchemos para cambiarlas. La palabra "política" no designa cualquier acción en la esfera pública, sino un tipo de acción. La noche que se quedaron las chicas del pañuelo verde en Avenida de Mayo frente al Congreso, había una dimensión que trascendía muchísimo

lo político, que era la dimensión social, porque esas chicas eran todas de capas medias urbanas y estaban pidiendo por algo que ellas no necesitaban. Si esas chicas necesitaban una interrupción voluntaria del embarazo, la conseguían. Pero se quedaban esa noche allí para pedir por el derecho de otros. Eso fue lo que a mí me deslumbró: no una minoría pidiendo para sí, sino una minoría, porque obviamente eran socialmente una minoría, esas capas medias son socialmente una minoría (están los pañuelos celestes también y tienen tanta responsabilidad y tanto respeto de mi parte, aunque no concuerdo, como los pañuelos verdes), que estaba pidiendo para otros. ¿Por qué eso no se convierte en reivindicación política? Porque llamarlo política es darle una extensión que hace fácil las cosas, porque la política, tal como se la conoce, política institucional, política de prácticas legislativas y judiciales, no pudo tomarlo, ni siquiera pudo votarlo en el parlamento consiguiendo los dos votos que faltaban: dos diputados de La Pampa, cuyo electorado parece provenir de los pentecostales, fueron los que negaron los dos votos por los que no pudo salir la ley de interrupción voluntaria del embarazo. La política se negó a tomar y no pudo extender. O sea, no toda práctica humana es política, hay prácticas que son culturales y sociales; hay prácticas que son familiares y a mí me parece que confunden las cosas los que dicen "la política de la familia", la política de la familia es la que el Estado desarrolla para las familias, no la que internamente se desarrolla en cada familia; hay prácticas que se originan en los estilos individuales. Y, además, está la política, que es una práctica específica y que por suerte existe como práctica específica, porque si no viviríamos en un estado de permanente caos, conflicto o malentendido. Están la política revolucionaria y la política de los partidos tal como la conocemos. En ambos casos son prácticas específicas. Me resisto a convertir toda cuestión que me interese en una cuestión política. Las cuestiones que me interesan a veces son culturales, a veces son sociales o interpersonales, a veces son políticas. Siempre están atravesadas por alguna veta política. Es fácil decir que todo eso es político, pero eso da una visión simplificada de contradicciones que son siempre diferentes. Las contradicciones que se pueden tener con la lengua a veces pueden ser políticas y en otros casos no, pueden ser profundamente culturales. La imposición del "tú" en la escuela primaria argentina, que no logró prevalecer, tenía una dimensión ideológica, no política. Los gobiernos y los ministerios de educación no le daban a eso una dimensión política. Le adjudicaban una dimensión cultural ideológica, es decir, la asimilación a un ideal del español que no era el del español rioplatense. Entonces, ya que somos tan específicos, propongo que seamos específicos cuando caracterizamos las diferentes dimensiones de los fenómenos sociales, que no son siempre políticas desde el vamos. Alguien podría decir "la religión es todo política". Yo diría que es equivocado, que hay formas de la religiosidad que no lo son; aunque las jerarquías religiosas son políticas, hay formas de la religiosidad que son espirituales. Mal respetaría yo esas formas de la religiosidad si dijera que son imposiciones políticas. Mal respetaría yo a los creyentes si dijera "sí, son imposiciones políticas, qué querés, y desde el Vaticano… más ahora que el papa es argentino, son imposiciones políticas". La política tiene reverberación sobre eso, muchísima, no voy a discutirlo, sino que me parece que los estudios culturales han demostrado que afortunadamente la realidad tiene muchas dimensiones. Tiene dimensiones culturales, dimensiones sociales y los esfuerzos, para ser exactos, es respetar la especificidad de esas dimensiones. El azar llevó a los diputados de la Asamblea francesa a sentarse a la izquierda o a la derecha, no la deliberación. Lo que fue político fue la Revolución Francesa, lo que fue político fue la Asamblea de la Revolución Francesa, pero el azar llevó a que una distribución espacial se convirtiera luego en una forma de denominar agrupaciones políticas. Acentuar el carácter político del lenguaje inclusivo, cualquiera es libre de hacerlo. Del mismo modo que es libre para decir que el aborto es un hecho cultural. Pero creo que la forma más productiva para pensar es teniendo siempre en cuenta que las dimensiones de la realidad son diferenciadas por sus lógicas, por sus costumbres y por su historia. Solamente un mecanicista superpone la historia de la política con la historia de la literatura; o la historia de las costumbres y la historia de la política. Están completamente desfasadas, y hacer una síntesis parece la postulación hegeliana de una idea absoluta, que se va dividiendo y uniendo a lo largo del tiempo. Cuando se estudia historia de la literatura o de las instituciones, cuando se estudia historia del arte, las dimensiones aparecen desfasadas, y no responden a una sincronía exacta. Los fenómenos culturales se caracterizan por asincronías y su carácter es incompleto

porque nunca agotan lo real. Mi compañero podrá explicar mejor que yo que una lengua presenta excepciones y asimetrías muy interesantes. ¿Por qué hay vaca y toro y hay solo ballena? ¿La ballena cómo se reproduce, por partenogénesis? No, ¿no? Debe haber ballenos en alguna parte, pero no tenemos ni siquiera el nombre, porque no le podemos decir "les ballenes". Esto sucede porque hay algo de azar, como en la historia del arte o de las mentalidades. Hay algo de azar también en las normas y las regularidades.

SANTIAGO KALINOWSKI

L A HISTORIA DE LA evolución del léxico es interminable. Vamos al latín y del latín al griego y del griego al sánscrito y del sánscrito nos vamos a una especie de protoindoeuropeo que es básicamente una ficción informada. Es un proceso de milenios. El término "mecanicista" me hace pensar también en esta cuestión del cambio lingüístico bajo el control consciente de los hablantes. Esta idea, que venimos diciendo, acerca de que la lengua cambia situada en un lugar, en un momento político determinado y que no es algo que el hablante decide conscientemente es una idea que muchos descalifican como mecanicista. La realidad es esta y da este resultado en la lengua. Ahí se subestima muchísimo la complejidad de la dinámica entre los hablantes y el entorno que los rodea. No es que simplemente estamos diciendo que el hablante está sujeto a ser un seguidor acrítico de cualquier ordenamiento social o realidad circundante. Hay, ahí, fenómenos que están imbricados con cuestiones de todo tipo, culturales, sociales, etc. ¿Por qué decía yo "político"? Porque al ser uno de los rasgos de la configuración discursiva de una lucha que busca un cambio en lo social, su trayectoria es crear un consenso, lograr un cambio cultural, que ese cambio cultural impacte en el modo en que la gente vota, que ese modo en que la gente vota cambie la conformación de la clase política, digámoslo así, y, finalmente, puede ser que al cabo de un tiempo tengamos ley de identidad de género. Hay quienes dicen, y es atendible, que es innecesaria la intervención, que es innecesario el inclusivo, que la ley de identidad de género, por ejemplo, se hubiera aprobado sin el inclusivo. Personalmente, yo siento que eso es difícil de aseverar. Que una ley de identidad de género se pueda llegar a aprobar en un contexto cultural completamente desfavorable me parece una imposibilidad y la manera de cambiar ese contexto cultural tuvo que ver con esta reflexión acerca de un objeto que es propio: la lengua. A mí me cuesta pensar que toda esta reflexión acerca del género gramatical, de cómo eso codificó el sexismo ancestral de la especie, no haya tenido un rol en la aprobación de esa ley. El inclusivo no interviene en ningún otro lado. Respeta todas las reglas, pero se mete con el patrón más reconocible, morfológico, entre género masculino y la letra "o". Esto viene de una distinción latina, los temas en "o" y los temas en "a", la gran mayoría de las palabras en "o" eran masculinas o neutras (el neutro confluyó en el masculino) y la mayoría de las palabras en "a" eran femeninas, aunque no todas. Esos patrones son los que están funcionando detrás de esta intervención y esta intervención es relevante por lo que decía: es el correlato gramatical de un ordenamiento ancestral patriarcal de la especie. Entonces me parece saludable que especifiquemos, por supuesto, y yo estoy en inferioridad de condiciones con respecto a eso porque la política no es un tema que estudie demasiado. Yo decía que era político por este camino, en el que algo llegaba, a través de consensos democráticos, en última instancia, a tener un impacto en la realidad. Es muy fácil alienar al transexual, considerarlo una realidad ajena a uno. El inclusivo lo volvió algo propio. De repente, la discusión sobre el inclusivo, sobre el género y la identidad de género, y las fluctuaciones que hay en ese espectro que llamamos género, se volvió algo íntimo para la opinión pública. A mí me parece que ahí está una de las condiciones de su potencia y de su eficacia, y del grado con el que tomó por asalto la opinión pública, especialmente en Argentina. No estoy tan de acuerdo con la aseveración de que es una cosa desconocida en otros lados, es un debate global…

BEATRIZ SARLO

No, no digo desconocido, leo prensa extranjera todo el tiempo, me dicen tilinga por eso, y lo que puedo asegurar es que no tiene la relevancia que tiene en la prensa argentina.

SANTIAGO KALINOWSKI

Entonces soy tilingo también. Yo lo decía, por ejemplo, porque, en el año 2016, la sociedad dialectológica de Estados Unidos declaró que la palabra del año era el pronombre "they" con significado en singular y eso es un debate sobre género, sobre género en la lengua. Durante el siglo XVIII, se había impuesto la regla de que era preferible que hubiera una falta de concordancia en género y no en número, entonces se usaba el singular "he" ante una especie de referente inespecificado. El no marcado tenía que ser el masculino, y este uso es simplemente un ejemplo para ver cuán potente es el debate, no solo en español sino en otras lenguas. Lo que comprueban mis compañeros de la universidad de Western Ontario es que sí, hay focos, que claramente uno es Argentina, otro es España y después me consta de colegas de Chile que los llaman de la prensa para hablar del mismo tema, y hay que verlo en términos estadísticos. A mí me parece que es uno de los temas del presente.

BEATRIZ SARLO

Voy a volver a la cuestión cultural. La lengua se inscribe en la cuestión cultural, es una de sus dimensiones. Y la conciencia cultural es un espacio de conflictos. Me permito contar una anécdota personal. Yo estaba en una parada de ómnibus en una ciudad norteamericana y miraba un disco de un músico negro, que había comprado. De repente siento que me tocan el hombro y ahí apareció el debate cultural, silenciosamente. Me tocan el hombro y me dicen "usted va a escuchar esa música" o "usted compró esa música", "pero esa

música es nuestra y no suya". Esto me sucedió, no diez años después de la guerra de secesión, sino hará seis o siete años. Quien me interpeló formaba parte de un debate sobre apropiación cultural, y me quería decir: "ustedes que se han apropiado de todo lo que ustedes llaman cultura, ahora quieren apropiarse de aquello que no llamaban cultura y lo incorporan y lo llaman cultura". Era un debate por una definición. Lo que me estaba diciendo ese señor en esa parada de ómnibus tenía como tema la extensión de una palabra y por lo tanto por su definición. "Ustedes siempre expulsaron nuestra cultura de su cultura"; "siempre" quería decir desde el siglo XIX, "y ahora la veo con un disquito de nuestra cultura y ahora van a decir que esto es cultura y que ustedes tienen tantos derechos como nosotros sobre ella". Este debate, que no es raro en Estados Unidos, no sé qué pasará en Canadá, pero no hay tantos negros me parece, ni hacen jazz, salvo Oscar Peterson, este debate atraviesa una cultura. Por eso yo insisto en que el uso del inclusivo no puede ser una orden de la ideología, porque no hay orden sobre la lengua. Por ejemplo, en la escuela primaria, durante cincuenta años, las maestras hablaban de "tú" a los alumnos, ¡de "tú"! Pero salían al recreo y voseaban como cualquiera. Algunas instrucciones quizá se cumplen a muy largo plazo, pero ni siquiera creo que en regímenes autoritarios se cumplan de ese modo vertical. En nombre de la democracia y de la inclusión no es conveniente hacer cosas que no sean democráticas ni incluyan las inevitables tensiones lingüísticas. Santiago Kalinowski sabe mucho mejor que yo que las lenguas no cambian de ese modo. A nosotros nos tocó el voseo porque éramos una zona arcaica del imperio español, las regiones que tuvieron cortes virreinales siguen con el tuteo hasta hoy, los colombianos, los peruanos, etc.

SANTIAGO KALINOWSKI

Sí...

BEATRIZ SARLO

Éramos zona arcaica y por eso nos quedó el voseo que era una forma arcaica del español.

SANTIAGO KALINOWSKI

Es una forma del registro más formal y hay que ver por qué acá tuvo tanto arraigo en el Cono sur, porque también están los chilenos y los uruguayos. Yo quería hablar sobre la imposición, porque, como decíamos, esto no es un fenómeno que se ajusta a los patrones de cambio lingüístico, por lo tanto, en mi opinión, no es un fenómeno lingüístico, por eso lo llamo fenómeno retórico, es un fenómeno de intervención del discurso público con el objetivo explícito de conseguir un avance en términos de igualdad. No tiene por qué ser un fenómeno de lengua. Así como a la Academia española se le ocurrió en 2001 que teníamos que escribir "cederrón" en una sola palabra y con acento y nadie nunca en todo el mundo hispánico escribió eso así…

BEATRIZ SARLO

¿Con "n" final?

SANTIAGO KALINOWSKI

Con "n" final, por eso el acento, hay cinco casos, la Real Academia Española tiene un corpus de 500 millones de palabras y hay cinco ejemplos. Eso es una palabra que no existe. Entonces, así como quisieron que nosotros dejáramos de vosear, en un proyecto que era de imperialismo cultural, no sé cómo llamarlo, imperialismo lingüístico y no lo lograron... Acá hay una disputa por quién es agente de lo lingüístico, que es una disputa que está...

BEATRIZ SARLO

No, perdón, perdón, España no tuvo nada que ver con tratar de introducir el "tú" en la escuela.

SANTIAGO KALINOWSKI

Sí, sí.

BEATRIZ SARLO

No, en aquellos años, la generación del 900 estaba restaurando lentamente los lazos con España. Argentina entró muy tarde a la Real Academia porque Juan María Gutiérrez se opuso... En fin, no vamos a hacer un debate historiográfico, pero España no tenía gran poder cultural sobre Argentina. España atravesaba una época de crisis y de decadencia. Vamos a ir a otro ejemplo, que es cómo las instituciones culturales y políticas pueden acelerar un proceso. La palabra "descamisados" se impuso en tres minutos, se dijo en tres discursos, se tomaron tres fotos de prensa y se impuso. A partir de ese momento, la palabra funcionó de manera doble, y fue considerada, por un lado, un insulto y, por el otro, fue una palabra con la cual los obreros peronistas se autoidentificaban y Eva los interpelaba con el vocativo "descamisados". Esa implantación fue verdaderamente política y también tuvo una dimensión social reivindicativa porque para gente que había recibido un trato despectivo por medio de otras palabras, como "negro", "chinazo", "del interior", etc., adoptar la palabra "descamisados" les daba legitimidad y autoidentificación en la esfera pública. Se podría hacer la variada historia de estas palabras de implantación política y de implantación cultural, en ocasiones hegemonizadas desde lo político y en otras desde el espacio cultural. El tango impuso un montón de palabras y así las dejó caer y el rock nacional impuso un montón de palabras y solamente la gente de la década del 60 sabe qué quiere decir "tirame las agujas", porque si ustedes se lo dicen a un chico de dieciocho años dice "¿tirame las agujas?, ¿te estás por drogar?". Por tanto, entran, salen y mueren palabras que parecían eternas. La expresión "tirame las agujas" era una innovación; hoy es un arcaísmo que hay que buscarlo en el cementerio del primer rock nacional, o antes, en la época de Moris, Fénix de Flores. Estas temporalidades variables son típicas de la cultura, de la literatura, del arte y también de la lengua.

CECILIA FANTI

Perdón, tenemos cinco minutos más para ir redondeando.

BEATRIZ SARLO

¿Y el público?

CECILIA FANTI

¿Tenemos tiempo para un par de preguntas?

SANTIAGO KALINOWSKI

Quería hacer solamente la distinción de que una cosa es un cambio léxico, nosotros estamos incorporando y olvidando palabras todo el tiempo como comunidad, eso es fácil de hacer. "Machirulo"

también se instaló en tres minutos, en España y
acá. Un cambio gramatical es otra cosa, entonces
hay que hacer esa distinción bien claramente. Los
diccionarios se reeditan cada cinco años porque en
esos cinco años pasaron cosas [risas del público]
con la lengua. Otra cosa es un cambio gramatical.
En la estructura de reglas sintácticas que todos los
hablantes tenemos en la mente, el género está muy
arriba, es muy difícil de tocar eso, por eso estamos hablando de estos tiempos tan largos para el
cambio lingüístico, pero eso no tiene nada malo
porque el inclusivo no pretende ser gramática. Su
pretensión es social y cultural. Su pretensión tiene
que ver con lo real y con el ordenamiento de lo social, con la injusticia y con el privilegio del hombre. Como es un pronunciamiento político, no se
lo puedo imponer a alguien, porque los pronun-
ciamientos políticos no se imponen si uno quiere
que tengan poder, si uno quiere que tengan vali-
dez. Yo no le puedo bajar la nota a alguien porque
no puso el inclusivo y tampoco le puedo bajar la
nota a alguien si usó el inclusivo, porque se está
pronunciando políticamente. Si yo le bajo la nota
por eso, lo estoy persiguiendo por su idea política.
El inclusivo es una configuración discursiva que
no implica que el otro, automáticamente, porque
usa el genérico, es un machista. Esto es lo que más

le irritaba a Ignacio Bosque: la presuposición de que si yo digo "están todos contentos", ese uso del masculino genérico me convertía en machista. No es así. Eso es la lengua, está codificado en la gramática de todos los que estamos acá y de todos los que hablamos español. El inclusivo no se impone, no se puede imponer, y los cambios lingüísticos no se pueden decidir conscientemente. Eso no tiene nada malo con respecto al inclusivo, porque no pretende convertirse en gramática, como sí era el caso del tuteo. No es un fenómeno de las masas. Es algo que circula en determinados espacios, que son cada vez más amplios. No son dos colegios, hay muchos espacios donde el inclusivo es hoy un requerimiento retórico, donde, si uno no lo usa, realmente nadie te escucha, y esos espacios son muy heterogéneos, no son solamente instituciones o dos colegios, o algo así.

CECILIA FANTI

¿Alguien quiere hacer alguna pregunta?

PREGUNTA DEL PÚBLICO

Una cuestión, el inclusivo requiere la transformación del lenguaje, a modo de…, gramaticalmente…

SANTIAGO KALINOWSKI

No.

PREGUNTA DEL PÚBLICO

Es como la transformación del latín a otra lengua…

SANTIAGO KALINOWSKI

No.

PREGUNTA DEL PÚBLICO

Entonces me parece que ahí hay un problema.

SANTIAGO KALINOWSKI

No, no. Precisamente lo que dije es que no lo podemos poner como cambio lingüístico, porque no

sigue ninguno de los patrones del cambio lingüístico. Es una intervención consciente, es una configuración discursiva, no es un cambio lingüístico. No tiene nada de comparable con el paso del latín al español.

CECILIA FANTI

¿Alguien tiene algún otro comentario o pregunta?

PREGUNTA DEL PÚBLICO

Cuando vos estabas con el disco de jazz, ¿qué le contestaste cuando te hizo esa observación?

BEATRIZ SARLO

Le contesté con la hipocresía con la que le contesta un blanco a un negro, que no es lingüística sino social, cultural e ideológica. Le dije: "usted tiene completa razón, en efecto, yo admiro a…". Evadí una discusión, que me trascendía totalmente, que me llevaba a pensar en dos siglos de historia, porque ese señor había encarado con una reivindicación histórica a alguien que, además, no se sentía responsable, me había confundido con una americana. Pero pertenezco al género humano y retrocedí en chancletas, como se dice, de manera hipócrita. No tuve el valor de hacer una discusión con alguien que hizo una provocación, porque esa provocación tenía una base histórica indudable: esos músicos, cuarenta años atrás, no podían tomar una copa en los cabarets o los pubs ni bailar en donde tocaban. Retrocedí, efectivamente.

PREGUNTA DEL PÚBLICO

Me gustaría saber qué opinan del uso de lo neutro en cuanto a que lo neutro no está integrado dentro de lo binario, hombre / mujer, sino que está más para lo trans, no binarie; y además si consideran que lo neutro es algo que además no refuerza los estereotipos como hombre / mujer. Otra cosa que me quedó también con el tema de la cultura fue si debemos resignarnos quienes no nos integramos en lo binario a no ser mencionados, mencionadas, mencionades, por esta cultura argentina, ¿no?, situándolo acá, en el país.

BEATRIZ SARLO

No sé vos qué opinás de lo neutro.

SANTIAGO KALINOWSKI

Me excede un poquito, digamos, yo me centro siempre en la lengua, me parece que en el ámbito de la lengua española el inclusivo fue motorizado por la mujer, pero que eso no clausuró que otras identidades se sumaran al inclusivo como un marcador de un reclamo, el marcador de un reclamo de mayores derechos y mayor igualdad. O sea que, retóricamente, el inclusivo le dio la bienvenida a un amplio espectro, a la mujer y a muchas otras identidades que están también ahí. Lo no binario, según tengo entendido, es una pequeña porción de la transexualidad, porque el 80 por ciento de los transexuales son hombres o mujeres. Hay una minoría dentro de esa minoría que se considera no binaria, entonces ahí me parece que es otro de los modos en los que el inclusivo ha demostrado su potencia y su relevancia porque no quedó clausurado en la lucha de la mujer. Le dio la bienvenida a las demás identidades y las otras identidades están adoptándolo, como una manera de esto que decimos: el reclamo ante una situación de injusticia, el reclamo de que eso tiene que cambiar, de que es insostenible que esa situación siga igual.

BEATRIZ SARLO

Yo agregaría esto: hay que leer un poco de literatura también, ¿no? Porque estamos manejándonos nada más que en un paradigma gramatical, entonces lo inclusivo, sí, incluye, destruye el paradigma binario, y propone nuevos sistemas pronominales, sintácticos. Pero no nos vendría mal leer un poco de literatura, descubrir escritores que plantean las cosas, alguien como Daniel Link en su columna de *Perfil* desde hace tiempo. Quizás sería bueno salir un poquitito de "te digo las chiques, les chicos o los chucus", salir un poquitito de ese esquema e ir a las formas más creativas, donde el lenguaje realmente padece, soporta o exhibe con orgullo modificaciones importantes. Estamos gramaticalizando y reduciendo cuestiones de lenguaje que a mí me preocupan quizás tanto como el inclusivo. Por ejemplo, que está cayendo el sistema de subordinación, que tiene siglos y fue perfeccionado en el siglo xx por grandes escritores; está debilitándose la posibilidad de que se escriban oraciones con subordinadas, para no hablar de la muerte y desaparición del punto y coma. Estas también son cuestiones de la lengua, ¿o no nos importa nada? O la lengua, ¿tiene que ser trinaria, cuaternaria o quintinaria pero de picapiedras? Tenemos una gran literatura contemporánea, quizás ver qué hacen los escritores con la lengua sería importante. Hoy no hemos hablado de un uso fundamental de la lengua, el de la literatura, y si no pensemos en el *Martín Fierro*. Cabezón Cámara o Cucurto, ¿alguien de los acá presentes los leyó? La literatura también propone variaciones, y me parece que estamos muy obsesionados por el inclusivo, a iniciativa de chicas de dos colegios de elite como el Pellegrini y el Buenos Aires. Hay otras lenguas, otros niveles de lengua, otras retóricas. Y ¿quién lanza la campaña de salvación de las frases complejas, que son fundamentales para pensar? Sin subordinadas no se puede pensar, sin "pese a esto", "sin embargo", "no obstante", no se puede pensar.

Índice de tmas y nombres

Estados Unidos 29, 30,
     56, 59

F

filóloga 28
francés 41
futuro 13

G

gaucho 17, 18
gramática 13, 27, 40, 42,
     55, 65, 75
Gutiérrez, Juan María 62

H

hablantes 17, 20, 21, 27,
     53, 65
heterosexual 39
hombre 39, 40, 42, 65, 73

I

ideología 17, 29, 48, 59,
     72
ideologías 16
imposición 21, 28, 29,
     47, 61
inclusivo 5, 7, 8, 25, 28,
     29, 30, 33, 35, 38,
     39, 42, 49, 54, 55,
     59, 65, 68, 69, 74,
     75, 76
inglés 41

inteligibilidad 8, 25, 28,
     39
italiano 42
izquierda 15, 16, 49

K

Ku Klux Klan 30

L

latín 34, 53, 69, 72
lengua 5, 6, 7, 8, 9, 11,
     13, 14, 15, 16, 17,
     18, 20, 21, 24, 25,
     27, 28, 29, 30, 31,
     33, 34, 38, 39, 40,
     41, 42, 47, 52, 53,
     54, 56, 57, 59, 60,
     61, 64, 65, 68, 69,
     74, 76
léxico 53, 64
ley 46, 54, 55
lingüísticas 13, 14, 16,
     19, 21, 24, 28, 29,
     32, 33, 34, 41, 42,
     53, 60, 61, 62, 65,
     69, 72
Link, Daniel 75
Literatura 6, 9
lucha 30, 33, 38, 41, 42,
     54, 74
Luther, Martin 29

Índice

Queremos hacer libros
cada vez mejores, para eso
necesitamos saber qué pensás.

Envianos un mail y contanos lo
que pensás sobre este libro
info@edicionesgodot.com.ar

O respondé una breve encuesta:
bitly.com/edgodot

Libro
compuesto
en tipografía Stempel
Garamond 12/16 creada por
Claude Garamond en el siglo XVI
en Francia, versión de la fundición
Stempel en 1924. Notas al pie
compuestas en 10pt y títulos en
Helvetica Neue
en 22pt.

www.edicionesgodot.com.ar
info@edicionesgodot.com.ar
Facebook.com/EdicionesGodot
Twitter.com/EdicionesGodot
Instagram.com/EdicionesGodot